Bibliografische Information der Deutschen Nationalbibliothek:

Die Deutsche Bibliothek verzeichnet diese Publikation in der Deutschen National-
bibliografie; detaillierte bibliografische Daten sind im Internet über http://dnb.d-
nb.de/ abrufbar.

Impressum:

Copyright © 2012 GRIN Verlag
Druck und Bindung: Books on Demand GmbH, Norderstedt Germany
ISBN: 9783656161349

Dieses Buch bei GRIN:

https://www.grin.com/document/191352

Richard Seel

Analyse des Filmes Sonnenallee

GRIN Verlag

GRIN - Your knowledge has value

Der GRIN Verlag publiziert seit 1998 wissenschaftliche Arbeiten von Studenten, Hochschullehrern und anderen Akademikern als eBook und gedrucktes Buch. Die Verlagswebsite www.grin.com ist die ideale Plattform zur Veröffentlichung von Hausarbeiten, Abschlussarbeiten, wissenschaftlichen Aufsätzen, Dissertationen und Fachbüchern.

Analyse des Filmes „Sonnenallee"

Thema: Analyse des sozialkritischen Ansatzes des Filmes „Sonnenallee" von Leander Haußmann gegen das Regime in der ehemaligen DDR mit Blick auf die Konflikte der Jugendlichen und anschließender Vergleich mit der Gesellschaftskritik in Georg Büchners Drama „Woyzeck" unter dem Aspekt der Darstellungsweise

Verfasser: Richard Seel

Schule: Joseph-Haydn-Gymnasium Senden

Schuljahr: 2011/2012, Jahrgangsstufe 12.2

Kurs: Deutsch, Leistungskurs

Inhaltsverzeichnis

1   Einleitung

In der folgenden Fachanalyse setze ich mich mit der im Film „Sonnenallee" von
Leander Haußmann dargestellten Jugendwelt und der Kritik gegen das politische
System der DDR auseinander.

Zu Beginn der Analyse benenne ich Allgemeines und Hintergründe zum Film. So stelle
ich die Handlung, die aus der Biographie von Leander Haußmann zu entnehmenden
Beweggründe, den Film zu inszenieren, und allgemein das damalige Leben in der DDR
dar, um dadurch eine Grundkenntnis zur Problematik des Filmes zu gewährleisten.

In der danach folgenden Filmanalyse wird auf die wichtigsten Schlüsselsequenzen
eingegangen, die die Jugendwelt und die Kritik am ehemaligen Regime der DDR
besonders darstellen. Hierbei werden sowohl die Handlungsebene als auch die
Kameraführung und die Musik untersucht, weil eine bestimmte Wirkung beim
Zuschauer erst durch das Zusammenspiel dieser Grundbausteine von Handlungsebene,
Kameraeinstellung und Ton aufkommt.

Daraufhin folgt ein Fazit, in dem ich die Kritik Haußmanns am System der DDR mit
Blick auf die daraus entstehenden Konflikte der Jugendlichen zusammenfasse.

Danach vergleiche ich den zuvor erarbeiteten sozialkritischen Ansatz mit der in Georg
Büchners Drama „Woyzeck" verwendeten Sozialkritik unter dem Aspekt der
Darstellungsweise.

Zum Schluss resümiere ich meine Erarbeitung in der Reflexion.

Auf das Thema der Facharbeit bin ich durch meine Deutschlehrerin gekommen, weil sie
es war, die mir die Filmanalyse der Komödie „Sonnenalle" vorschlug. Ich war auf
Anhieb interessiert.

Zum einen sprach mich die Idee positiv an, da ich bereits im Englischunterricht Freude
daran fand, den Film „Dead Poet's Society" (dt. Titel „Club der toten Dichter") zu
untersuchen.

Des Weiteren war ich durch den Schulunterricht und Filme der Nostalgie, wie „Das
Leben der anderen" oder „Goodbye Lenin", mit dem Leben in der DDR vertraut, sodass
ich mir die Auseinandersetzung mit dieser Thematik gut vorstellen konnte.

Nachdem ich mir den Film zum ersten Mal mit Vergnügen anschaute, entschied ich
mich schließlich dafür, die Aufgabe der Analyse von „Sonnenallee" in die Hand zu
nehmen.

2   Allgemeines und Hintergründe zum Film „Sonnenallee"

2.1   Einführung in den Film

Die Komödie „Sonnenallee" von dem Regisseur Leander Haußmann aus dem Jahre
1999 zeigt mit einer übertriebenen und ironischen Darstellungsweise die Geschichte
einer Jugendclique aus der DDR in den 70er Jahren.

Während der Alltag und die Konflikte der Jugendlichen am Grenzgebiet beleuchtet
werden, veranschaulicht der Film dabei nicht nur das eingeschränkte Leben der
Menschen, sondern auch die Beziehung zwischen der DDR und der BRD.

2.2   Inhaltsangabe

Der 17-jährige Jugendliche Michael Ehrenreich, der Protagonist des Films, lebt in der
DDR. Dort wohnt er direkt am Grenzübergang in der Straße Sonnenallee in Berlin,
„deren längeres Ende im Westen und deren kürzeres Ende im Osten liegt."[1] Trotz der
Nähe zur Mauer und den gegebenen schlechten Bedingungen, ist Michael ein ganz
normaler Teenager, der auf dem Weg ist, sich selbst zu finden und erwachsen zu
werden. So versuchen er und seine Freunde ein gewöhnliches Leben zu führen, indem
sie zum Beispiel verbotene Musik vom Klassenfeind Amerika überspielen, um sie dann
gemeinsam in aller Öffentlichkeit zu hören.

Obwohl die Jugendclique den Plan hat, eine Widerstandsgruppe zu gründen, entscheidet
sich Michael für den Wehrdienst bei der NVA, um die Chance eines Studiums zu
bewahren. Doch als er anfängt, fiktive Tagebücher anzufertigen, um seinem Schwarm
Miriam sein ganzes Leben und damit auch seine Liebe zu zeigen, verändert er seine
Lebenseinstellung und fasst dadurch neuen Mut, sich gegen das politische System
aufzulehnen. Nachdem er die Einberufung zur NVA verweigert, gewinnt er Miriams
Herz. Schließlich begeistert er mithilfe von Musik und einer Strip-Einlage auch die
restlichen Menschen der Sonnenallee dazu, sich gegen das Regime aufzulehnen und
tanzend den Grenzübergang in Richtung Westen zu überqueren.

---

[1] Zit. n. dem Film „Sonnenallee"

2.3 Biographie von Leander Haußmann

Leander Haußmann, geboren am 26. Juni 1959 in Quedlinburg (Sachsen-Anhalt), ist ein Film- und Theaterregisseur, welcher aber auch in diversen Filmen und Bühnenstücken als Schauspieler mitwirkte.

Als Sohn des Schauspielers Ezard Haußmann, kommt er schon früh mit dem Theater in Kontakt, was ihn auf Anhieb fasziniert.[2] Jedoch schließt er zuerst eine Ausbildung zum Drucker ab und leistet seinen Wehrdienst bei der Nationalen Volksarmee, bevor er im Jahre 1982 ein Schauspielstudium an einer Berliner Hochschule beginnt.[3] Nach einigen erfolgreichen Bühnenauftritten versucht er sich 1990 als Regisseur und inszeniert an mehreren deutschen Theatern zahlreiche Stücke.

1999 kommt mit der Romanverfilmung „Sonnenallee" Haußmanns erster Film in die Kinos, welcher sowohl die Fachleute als auch das Publikum beeindruckt, sodass er neben dem Deutschen Filmpreis noch mit weiteren Preisen geehrt wird.

Auch seinem zweiten Kinofilm „Herr Lehmann" (2002) werden zwei weitere Filmpreise verliehen.

Danach fungiert er in einer Reihe von Filmen als Darsteller und dreht bis 2011 noch sieben weitere Komödien, was ihn zu den leistungsfähigsten Kinoregisseuren Deutschlands macht. Obwohl einige von den nachfolgenden Filmen von den Kritikern gelobt und mit Preisen ausgezeichnet werden, sind sie weniger kommerziell erfolgreich.[4]

---

[2] Vgl. YouTube: SONNENALLEE Extras - Interview mit Leander Haußmann
[http://www.youtube.com/watch?feature=player_embedded&v=fltAQcJbJ78#; Stand: 10.02.2012]
[3] Vgl. Wikipedia, Die freie Enzyklopädie: Leander Haußmann
[http://de.wikipedia.org/wiki/Leander_Hau%C3%9Fmann; Stand: 10.02.2012].
[4] Vgl. Filmportal: Leander Haußmann
http://www.filmportal.de/person/leander-haussmann_09c9912c55524a089ff2150fb5905687; Stand: 10.02.2012].

2.4 Das Leben in der DDR

Die Deutsch Demokratische Republik (DDR) wurde von der Staatspartei SED im Jahre 1949 gegründet und löste sich nach dem Mauerfall und der Grenzöffnung (09.11.1989) schließlich mit der Wiedervereinigung Deutschlands am 03.10.1990 auf. Der ostdeutsche Staat befand sich bis zur Wiedervereinigung auf dem Gebiet, welches im 2. Weltkrieg von der Sowjetunion eingenommen wurde.[5]

Auch wenn der Staat danach strebte, gesellschaftliche Ungerechtigkeiten, wie Einkommensunterschiede, zu unterbinden, war die Lebenssituation für den Großteil der Bevölkerung der DDR unerträglich und schlimm.

Zunächst arbeiteten und lebten die Menschen unter den Voraussetzungen einer zentralen Planwirtschaft, was einerseits konstante Preise für Grundgüter sicherte, andererseits jedoch auch einen stetigen Mangel an Gütern verursachte. Aufgrund dessen und unter anderem wegen fehlender Innovativität der Produkte brach das Wirtschaftssystem langsam aber sicher in sich zusammen.

Der Alltag der Menschen in der DDR war geprägt von der politisch-ideologischen Beeinflussung durch die SED-Führung. So wurde der allgegenwärtige Sozialismus bereits während des Kindesalters sowohl in Kindergärten und Schulen, als auch in Jugendorganisationen, wie die FDJ (Freie Deutsche Jugend) oder die Jungen Pioniere, vermittelt.[6] Der Westeinfluss, zum Beispiel die Rockmusik, wurde folglich strikt abgelehnt und angeprangert.

Schließlich gingen die ideologische Manipulation und der Machtmissbrauch so weit, dass der 1950 entstandene Geheimdienst (Stasi) die Bevölkerung im Sinne des Staates mittels eines gut organisierten Bespitzelungssystems kontrollierte. Weil dem Bürger stets bewusst war, dass die Möglichkeit bestand, durch Kameras und/oder Abhörgeräte überwacht und bei entsprechender Verletzung der Gesetze sanktioniert zu werden, wagte es der Großteil der Bevölkerung nicht, sich gegen das Regime aufzulehnen, sondern der Ideologie entsprechend zu leben.

Hinzukommt, dass sich die Menschen nach dem Mauerbau 1961 dem politischen System zwangsweise beugen mussten, weil dadurch die Flucht aus der DDR so gut wie unmöglich gemacht wurde.

---

[5] Vgl. Wikipedia, Die freie Enzyklopädie: Deutsch Demokratische Republik
[http://de.wikipedia.org/wiki/DDR; Stand: 16.12.2012]
[6] Vgl. Bundeszentrale für politische Bildung (Hrsg.): Gesellschaft und Alltag in der DDR: Erziehung und Schule
[http://www.bpb.de/publikationen/0968400591107920103275851104816,7,0,Gesellschaft_und_Alltag_i
n_der_DDR.html#art7; Stand: 16.02.2010]

Letztendlich zeigte aber der Ablauf der Geschichte, dass die Bevölkerung durch die strikte Überwachung nie vollständig beherrscht werden konnte. Denn die Unzufriedenheit und Unterdrückung der Gesellschaft führten zur erfolgreichen Rebellion der Menschen, zum Mauerfall und zur Vereinigung der BRD und DDR.[7]

---

[7] Vgl. Bundeszentrale für politische Bildung (Hrsg.): Gesellschaft und Alltag in der DDR [http://www.bpb.de/publikationen/09684005911079201032758511048160,0,0,Gesellschaft_und_Alltag_i n_der_DDR.html#art0; Stand: 16.02.2012]

3 Filmanalyse hinsichtlich der Jugendwelt und der Kritik am System der DDR

3.1 Schlüsselsequenzen

3.1.1 1. Sequenz [0-2:33 min]: „Ich lebe in der DDR"

In der ersten Sequenz stellt sich der Protagonist Michael Ehrenreich selbst vor und macht zugleich den Zuschauer mit dem Thema des Filmes vertraut.

Zunächst erscheint der Vorspann mit den Produktionsangaben. Untermalt von Musik, wird anschließend in einer Kamerafahrt in Großaufnahme ein Poster gezeigt, auf welchem ein oberkörperfreier Indianer, der beide Arme in die Luft streckt, mit seinem Pferd zu sehen ist. Im Anschluss fährt die Kamera weiter und zeigt mehrere Poster aus den Jugendzeitschriften „Top-Pop" und „Bravo" mit Musikern, deren Lieder aufgrund der Herkunft aus der kapitalistischen USA in der DDR verboten sind, Sterne in den Farben der amerikanischen Nationalflagge und Eierkartons an der Wand, die den Schall dämpfen sollen. Plötzlich ertönt eine Stimme aus dem Off: „Ich wollte immer ein Popstar sein […]." Der Sprecher stellt sich selbst vor. Schließlich wird auch gezeigt, wie er auf dem Bett liegt und Musik hört. An der Wand, an der er sich anlehnt, sind Schilder mit Verboten zu sehen. Man erfährt schon in den ersten Minuten, worum es in dem Film hauptsächlich geht: „Das Land, in dem ich lebe ist jedenfalls noch sehr jung. Ich lebe in der DDR."

Der Protagonist, aus dessen Sicht man den Film erlebt, wird bereits in der ersten Szene bekannt gemacht. Diese Selbstcharakterisierung in der Ich-Form und die gewählte Kamerafahrt bieten dem Zuschauer eine grobe Orientierung und lassen ihn in die Rolle des Hauptcharakters schlüpfen. Durch die Großaufnahme, in der die Poster mit den Musikern gezeigt werden, soll der Blick auf die Musik gelenkt werden, da sie ein zentrales Motiv in dem Leben der Jugendlichen übernimmt.

Es wird von dem Protagonisten aber auch direkte Kritik gegenüber dem Regime der DDR ausgesprochen: „Denn sie verbieten hier gern – und viel." Dies zeigt zum einen die Willkür, mit der die Stasi in die öffentliche Ordnung eingreift, obwohl die Bediensteten der DDR selbst die verbotene Musik hören, und zum anderen die beklemmende Einengung in der freien Entfaltung des Individuums. Verdeutlicht wird diese überladene Befangenheit beim erwachsen werdenden Protagonisten dadurch, dass er sich an der Wand mit den Verbotsschildern anlehnt. Dies deutet darauf hin, dass die zahlreichen absurden Verbote und damit auch die eingeschränkte Lebenssituation allgegenwärtig und erdrückend sind.

Auch erzählt er von seinem Traum eines Popstar-Daseins im Präteritum, was darauf schließen lässt, dass er wenig Mut und Hoffnung hat, jemals (als Popstar) unter dem strikten Regime etwas bewegen oder positiv beeinflussen zu können. Seine Sehnsüchte lassen sich an den Plakaten festmachen. So steht der Indianer mit den erhobenen Händen für Freiheit und Abenteuer. Dies kann man wiederum auf die Hauptfigur beziehen. Folglich wird dadurch sein Wille deutlich, aus diesem System in den „Goldenen Westen" auszubrechen, der „nur ein Steinwurf entfernt" ist, die Mauer den Ausbruch jedoch unmöglich macht.

Trotz des Konfliktes zwischen Mensch(en) und politischem System wirkt die Atmosphäre jedoch aufgrund der Musik und der Darstellung des Zimmers harmonisch. Es wird veranschaulicht, dass, obwohl die gegebenen Bedingungen nicht hätten schlechter sein können, Michael Ehrenreich ein ganz normaler Teenager ist, der auf dem Weg ist, sich selbst zu finden und erwachsen zu werden.

3.1.2 2. Sequenz [2:38-4:01 min]: Das Leben in der Sonnenallee

In dieser Sequenz bekommt der Zuschauer einen Eindruck vom Leben in der Sonnenallee und der DDR.

Zu Anfang gibt eine halb totale Kamerafahrt entlang der Mauer eine Übersicht über den Ablauf des Passierens der Grenze. Während Michael die Straße entlanggeht, rufen ihm auf einmal Westdeutsche, die auf einer Aussichtsplattform stehen, von der man das Geschehen auf der Straße beobachten kann, nach. Aufgenommen aus der Froschperspektive, beginnen sie, ihn wie ein Tier im Zoo zu behandeln. Michael, welcher aus der Vogelperspektive dargestellt wird, kehrt ihnen jedoch den Rücken zu und geht weiter. Währenddessen beschreibt er die Lebenssituation in der DDR als Sprecher aus dem Off und fügt hinzu, dass es ihm „nicht so schlecht" gehe. Daraufhin trifft er seinen besten Freund Mario, der Michael zu wissen gibt, dass er am morgigen Tag den Wehrdienst bei der Nationalen Volksarmee verweigern werde. Im Anschluss daran geht er, ohne sich groß umzuschauen, über die rote Ampel. Michael aber bleibt stehen und überquert erst die Straße, als die Ampel wieder grün aufleuchtet.

Während die Hauptperson die Sonnenallee entlanggeht, kann man im Hintergrund die Mauer erkennen. Dies betont, dass die Mauer im Alltag der Ostdeutschen eine große Rolle spielt und sie stets mit den daraus folgenden Auswirkungen konfrontiert werden, welche durch den Konflikt zwischen dem Protagonisten und den Westdeutschen veranschaulicht werden.

Die Mimik und Gestik des Protagonisten, dargestellt durch eine Nahaufnahme, zeigt, dass er die Auseinandersetzung mit den Westdeutschen bereits erwartet und es ihm unangenehm ist, sich von ihnen angriffslustige Sprüche gefallen zu lassen. Der Wechsel von Frosch- und Vogelperspektive während der Konfrontation zeigt die scheinbare Überlegenheit der Westdeutschen bzw. die scheinbare Unterlegenheit des Protagonisten/ der „Ossis". Jedoch stellt es nur den Größenwahn der Westdeutschen dar. Denn zum einen werden jene durch ihre Gestik, wie die Zunge rausstrecken, sehr kindlich dargestellt, wodurch sie an Glaubwürdigkeit verlieren, und zum anderen, obwohl sie sich über die Ostdeutschen lustig machen, lässt sich der Protagonist auf kein unsachliches Verbalgefecht ein, sodass er selbst die Kontrolle über das Geschehen behält.

Anhand dieser Szene kann man erfassen, wie schlecht und voreingenommen das Verhältnis zwischen den Menschen aus dem Osten und dem Westen ist. Auch die Mauer hat dabei eine wichtige Funktion. So fungiert sie als Barriere zwischen den Menschen, sodass erst kein gegenseitiges Verständnis oder positives Verhältnis entwickelt werden kann. Sie kann somit als Ausgangspunkt für den vorurteilsvollen Umgang und die gegenseitige Antipathie gesehen werden.

Die Situation am Zebrastreifen verdeutlicht, dass Mario bereit ist, sich gegen die herrschende, eingeschränkte und unfreie Lebensform zu wehren. So steht die Überquerung der Straße, während die Ampel rot leuchtet, symbolisch für die Widersetzung gegenüber den Gesetzen und dem System der DDR. Im Gegensatz zu Mario, scheint Michael nicht den Mut aufzubringen, diesen Schritt der Rebellion zu wagen, da er erst wartet, bis die Ampel wieder grün wird.

Darüber hinaus fällt auf, dass, obwohl sein Blick links und rechts auf die Straße kein Auto ankündigt, plötzlich beim Grünwerden der Ampel zwei Autos sehr nahe an beiden Seiten des Zebrastreifens stehen. Dies verbildlicht die stetige Kontrolle und Bedrohung, welche von dem politischen System ausgehen. So kann/darf man sich niemals in Sicherheit wähnen. Denn man muss immer damit rechnen, von der Stasi beobachtet und bei entsprechender Verletzung der Gesetze und sozialistischen Ideologie sanktioniert zu werden.

3.1.3 3. Sequenz [16:41-17:25 min]: Einberufung in die NVA

In dieser Sequenz entscheidet sich der Protagonist vor der Musterungskommission, für drei Jahre der Nationalen Volksarmee beizutreten, um die Chance eines Studiums zu bewahren.

Zu Anfang zeigt die Kamera Michael in Nahaufnahme, der alleine der Musterungskommission der NVA gegenübersitzt. Dabei verschränkt er seine Hände auf dem Tisch und starrt größtenteils auf den Boden. Nachdem er der Einberufung zum Wehrdienst zugesagt hat, geht er anschließend durch den Flur der Schule. Dabei bemerkt er, wie in einem Klassenzimmer ein junges Mädchen der Lehrerin auf einer Weltkugel zeigen muss, „wo überall es den Kinder auf der Welt schlecht geht." Neugierig nähert er sich dem Geschehen, worauf jedoch die Lehrerin bewusst die Tür schließt.

Anfänglich wird durch die Nahaufnahme die Interaktion zwischen dem Protagonisten und dem Komitee betont. So signalisieren der gesenkte Blick und die verschränkten Hände des Hauptcharakters Widerwillen und Unmut gegenüber der NVA, welche jedoch vom Gremium nicht erkannt werden. Folglich legt eine Person des Komitees dem Protagonisten die Worte in den Mund, Michael wolle „für drei Jahre der Nationalen Volksarmee dienen". Das Komitee sieht es als selbstverständlich und ehrenvoll an, der DDR durch die Einberufung zur NVA dienlich zu sein. Daraufhin ertönt aus dem Off der Monolog des Protagonisten: „In solchen Momenten ist man schrecklich allein." Diese Aussage und der fast die ganze Zeit gesenkte Blick des Protagonisten veranschaulichen die Dominanz, die von dem Komitee und damit auch von dem politischen System ausgeht. Da der Protagonist sich dem Gremium ausgesetzt sieht und seine Entscheidung alternativlos erscheint, stimmt er der Einberufung mit einem entmutigten „Ja. Na klar." zu.

Darüber hinaus kann das folgende Schließen der Klassenzimmertür im Flur durch die Lehrerin sinnbildlich für das Regime stehen, welches verbergen möchte, dass die Gesellschaft (schon früh) ideologisch manipuliert und beeinflusst wird. Durch diese schon bei Kindern praktizierte sozialistische Erziehung in der Schule und durch andere weitere Szenen im Film, in denen zum Beispiel ein Polizist von Michael verlangt, sich auszuweisen, wird die herrschende Omnipräsenz des Staates deutlich.

3.1.4 4. Sequenz [1:06:36-1:08:53]: Die Selbstfindung und der Vertrauensbruch

Michael findet in dieser Sequenz zu sich selbst, beschließt eine Widerstandsgruppe zu gründen und verweigert die Einberufung zur NVA.

Zu Beginn zeigt die Kamera Michael in Nahaufnahme, wie er in seinem Bett liegt und anfängt, laut aus seinem Tagebuch vorzulesen: „Ich warte und warte auf etwas, das nicht passiert. […]" Er offenbart, dass er mit seinen Freunden eine Widerstandsgruppe aufbauen will. Schließlich teilt er in der nächsten Szene dem Komitee seine Entscheidung mit, dass er sich der NVA entziehen will, und trifft Mario auf dem Flur. Dieser beschließt gegen seine vorherige Überzeugung der NVA beizutreten, weil er Vater wird. Enttäuscht von Marios Vorhaben, geht Michael auf ihn los und greift ihn körperlich an. Nach dem Handgemenge liegen sie weinend nebeneinander auf dem Boden.

Zunächst wird deutlich, dass er während der Anfertigung seiner fiktiven Tagebücher eine positive Weiterentwickelung und Veränderung seiner Lebenseinstellung durchmacht. So findet er dadurch zu sich selbst und erkennt, was ihm wirklich wichtig im Leben ist. Da ihm bewusst wird, dass er immer darauf gehofft hat, dass sich dieser beschwerliche Zustand von alleine löst, fasst er schließlich allen Mut zusammen, um die Bekämpfung dieses unerträglichen, politischen Systems durch eine Widerstandsgruppe selbst in die Hand zu nehmen. Nachdem er die letzten Worte aus seinem Tagebuch vorgelesen hat, setzt er seine Brille ab und schaut an der Kamera vorbei. In der Nahaufnahme erkennt man anhand seines Gesichtsausdruckes seine Entschlossen- und Entschiedenheit.

Den ersten Schritt, sich gegen die Regierungsform der DDR aufzulehnen, begeht er, indem er die Einberufung zur NVA verweigert. Die Mitglieder des Komitees jedoch, denen er seinen Beschluss mitteilt, scheinen sein Vorhaben ungläubig zur Kenntnis zu nehmen. Auf die enthusiastische Aussage des Protagonisten („Aber ich bin raus [aus der NVA].“), entgegnet ihm einer vom Komitee: „Das glauben Sie...“. Dadurch und durch die lockere Sitzhaltung der Mitglieder des Komitees wird deutlich, dass es ihrer Ansicht nach nicht möglich ist, sich jemals erfolgreich gegen das System aufzulehnen, da die

Bevölkerung der DDR durch die Überwachung und ideologische Beeinflussung uneingeschränkt unter Kontrolle gehalten werden.

Als die Hauptperson schließlich Mario auf dem Flur trifft und dessen Vorhaben erkennt, ist er sowohl vollkommen verzweifelt, weil er seinen Plan in Gefahr sieht, gemeinsam mit seinen Freunden gegen das vorherrschende System zu rebellieren, als auch maßlos enttäuscht, da er sich von seinem besten Freund verraten fühlt. Mario wird sich seiner Schuld und seines Vertrauensbruches gegenüber Michael bewusst, sodass er erst gar nicht versucht, sich zu wehren.

Die anschließende Kamerafahrt nach hinten, welche einem Zoom-Out gleicht, die melancholische Musik und die Tatsache, dass sie weinen, veranschaulichen die gefühlte Einsamkeit und Hoffnungslosigkeit der beiden Freunde. Auf der einen Seite ist Michael im Kampf gegen das politische System nun alleine und hat sich dem Vorhaben des Aufstandes ein Stück weiter entfernt. Auf der anderen Seite zweifelt Mario an sich selbst, weil er sich entgegen seiner eigenen Überzeugung für die Einberufung zur NVA entschieden hat.

3.2 Zusammenfassung der Kritik und der Wirkung auf den Zuschauer

Das Leben in der ehemaligen DDR und die Sozialkritik gegen das Regime werden in vielen Szenen des Filmes von Haußmann anschaulich und verständlich dargestellt. So kann sich der Zuschauer, sowohl jener aus dem Osten als auch jener aus dem Westen, mit dem Film identifizieren und das damalige Leben in der DDR gut nachvollziehen.

Zum Einen wird dies durch komödiantische Inszenierung erreicht. Denn dadurch wird dem Zuschauer das Lebensgefühl von früher anregend nahe gebracht und Zeitzeugen die Möglichkeit gegeben, das Erlebte besser zu verarbeiten und mit der Vergangenheit abzuschließen.

Außerdem kann man sich mithilfe der gewählten Darstellung der DDR-Geschichte leichter in die einstige Zeit mit der strikten Lebensform hineinversetzen. So erlebt man den Film aus der Sicht eines Teenagers, der die gleichen normalen Probleme (Liebe, Unbeholfenheit und Selbstfindung) hat, wie jeder andere Jugendliche auch.

Neben der Intention Haußmanns, das Lebensgefühl und die Konflikte der Jugendlichen in der DDR dem Zuschauer näherzubringen, kritisiert er aber auch vor allem das ehemalige Regime. So prangert er vor allem die Omnipräsenz des Staates, die ideologische Manipulation und die strikten Kontrollen und Überwachungen an, was zu der Unterdrückung der Bevölkerung geführt hat.

Letztendlich zeigt der Schluss des Filmes aber, dass, wenn man eine Autorität hinterfragt und sich die Menschen gemeinsam gegen diese wehren, das Ende des herrschenden Systems und damit eine Befreiung aus der eingeschränkten Lebenssituation hervorgerufen werden kann.

4   Vergleich der Sozialkritik mit dem in Georg Büchners Drama „Woyzeck" verwendeten sozialkritischem Ansatz

Das realistische Dramenfragment „Woyzeck", welches im Jahre 1836 von Georg Büchner verfasst wurde, zeigt anhand des einfachen Soldaten Woyzeck die gesellschaftlichen Missstände auf, die einen Menschen deformieren und zum Äußersten treiben können.

Büchner verwendete als Basis für „Woyzeck" das Gutachten des Mordfalles von Johann Christian Woyzeck, sodass er in seinem Drama dadurch eine Realitätsnähe und Authentizität schaffen konnte. Denn er strebte nach einer unzweideutigen Darstellung der Wirklichkeit, um die realen Missstände in der Gesellschaft wahrheitsgetreu darstellen zu können. Obwohl für „Sonnenallee" eine fiktive Geschichte gewählt wurde, lässt sich der Film dennoch als Historienfilm bezeichnen, da trotz der überdrehten und komödiantischen Darstellung das tatsächliche Leben in der DDR dargestellt wird. Somit gleichen sich beide Werke in der Hinsicht, dass sie durch ihre Darstellung die tatsächlichen, gesellschaftlichen Verhältnisse offen darlegen.

Des Weiteren weisen auch die sozialkritischen Ansätze gewisse Parallelen auf. Denn sowohl Woyzeck als Repräsentant der niederen Schicht als auch die Bevölkerung der DDR unterliegen gesellschaftlichen bzw. politischen Institutionen. Während bei „Woyzeck" die dominierenden Autoritäten des Militärs, der Wissenschaft und der Justiz verurteilt werden, wird in „Sonnenallee" primär das politische System und die Machtstellung des Militärs (Stasi, NVA) kritisiert. Um die gesellschaftlichen Missstände zu veranschaulichen, werden direkte Konfrontationen der beiden Parteien, wie Woyzeck und der Hauptmann bzw. Michael und der Oberwachmeister, gezeigt. Die übertriebene und ironische Darstellungsweise der einzelnen Vertreter der Institutionen wird dabei bei beiden Werken ähnlich gewählt. So werden im Drama zum Beispiel der Hauptmann und der Doktor genauso unglaubwürdig dargestellt, wie der Oberwachmeister im Film.

Hinzukommt bei Büchners Drama die Kritik gegen das Machtgefälle zwischen den armen und reichen Gesellschaftsschichten. Denn erst durch diese Armut wird die niedere Klasse in ihren Handlungen eingeschränkt und unfrei. Bei „Sonnenallee" gilt dies für alle Menschen der Bevölkerung bereits allein durch das vorherrschende und strikte Regime, weil es in der damaligen kommunistischen Staatsform keine materialistische Ungleichheit geben konnte.

Außerdem beklagen Büchner und Haußmann die beklemmende Einengung in der individuellen Entfaltung, die die niedere Schicht in „Woyzeck" und die Bevölkerung in „Sonnenallee" in ihrer Lebensform erdrückend einschränken.

Im Gegensatz zum Drama jedoch, welches zum Schluss darauf hinausläuft, dass die tragische Hauptperson aufgrund der gesellschaftlichen Umstände aus seiner Verzweiflung heraus einen Mord begeht, nimmt der Film mit dem Marsch über die Grenze in den Westen ein erfreuliches Ende. Aufgrund der Geldnot und den gegeben Bedingungen kann Woyzeck nämlich dem Teufelskreis aus Unterdrückung nicht entkommen. Die Einwohner der Sonnenallee aber lehnen sich erfolgreich gegen das Regime der DDR auf und brechen aus diesem System aus, nachdem der Protagonist sie dazu mit Musik bewegt hatte. So stellt Büchner anders als Haußmann die Lebenssituation zur damaligen Zeit als hoffnungslos dar, um auf diese Weise auf den Ernst der Problematik aufmerksam zu machen.

Der friedliche Einmarsch in den Westen steht hierbei für den Mauerfall 1989, womit nochmals gezeigt wird, dass Haußmann, wie Büchner auch, auf historische Begebenheiten zurückgreift.

Letztendlich weisen die sozialkritischen Ansätze unter dem Aspekt der Darstellungsweise beider Werke große Parallelen auf. Dennoch unterscheidet sich die Intention beider. So hat der Schriftsteller hauptsächlich die Absicht verfolgt, auf die Ausbeutung der niederen, sozialen Klasse seinerzeit aufmerksam zu machen und an die Leser/Menschen zu appellieren. Dem Regisseur aber ging es im Grunde darum, dem Zuschauer eine bereits vergangene Zeit, nämlich das Leben in der DDR zu vermitteln.

5   Reflexion der Facharbeit

Zunächst frischte ich mit Recherchen im Internet mein Wissen über die DDR auf. Anschließend eignete ich mir Fachbegriffe von Kameraeinstellungen an und informierte mich über die korrekte Vorgehensweise bei einer Filmanalyse.

Zu Anfang fiel mir die Analyse bestimmter Szenen schwer, da ich in dieser Aufgabenstellung nicht so viel Erfahrung aufweisen konnte. Doch nach einiger Zeit kam ich bereits mit Szeneninterpretationen gut zurecht. Mir wurde langsam aber sicher bewusst, dass die vom Regisseur gewählte Art und Weise der Darstellung von einzelnen Szenen einen gewissen Sinn haben musste.

So habe ich nun eine ganz andere Sichtweise auf den Film bekommen. Denn, was zum Beispiel zunächst als zufällige oder simple Kameraeinstellung erschien, entpuppte sich letztendlich als eine grundlegend durchdachte Inszenierung mit einer bestimmten Bedeutung. Man erkennt, dass der Regisseur bewusst Szenen so dargestellt hat, um eine gewisse Wirkung beim Zuschauer zu erreichen.

Somit war die Erarbeitung der Filmanalyse eine sehr interessante Erfahrung, da ich mir neues Wissen erarbeiten konnte und ich dabei Spaß hatte.

Vielleicht ist das Folgende nun überstürzt gesagt, doch ich denke, dass man die angeeignete Sichtweise nicht nur auf Filme beziehen kann, sondern auf alle Dinge des Lebens.

6   Literaturverzeichnis

6.1   Internetquellen

YouTube: SONNENALLEE Extras - Interview mit Leander Haußmann
[http://www.youtube.com/watch?feature=player_embedded&v=fltAQcJbJ78# (Video);
Stand: 10.02.2012]

Wikipedia, Die freie Enzyklopädie: Leander Haußmann
[http://de.wikipedia.org/wiki/Leander_Hau%C3%9Fmann; Stand: 10.02.2012].

Filmportal (Hrsg.): Leander Haußmann
http://www.filmportal.de/person/leander-
haussmann_09c9912c55524a089ff2150fb5905687; Stand: 10.02.2012].

Wikipedia, Die freie Enzyklopädie: Deutsch Demokratische Republik
[http://de.wikipedia.org/wiki/DDR; Stand: 16.12.2012]

Bundeszentrale für politische Bildung (Hrsg.): Gesellschaft und Alltag in der DDR:
Erziehung und Schule
[http://www.bpb.de/publikationen/0968400591107920103275851104816 0,7,0,Gesellsc
haft_und_Alltag_in_der_DDR.html#art7; Stand: 16.02.2010]

Bundeszentrale für politische Bildung (Hrsg.): Gesellschaft und Alltag in der DDR:
[http://www.bpb.de/publikationen/0968400591107920103275851104816 0,0,0,Gesellsc
haft_und_Alltag_in_der_DDR.html#art0; Stand: 16.02.2012]

BEI GRIN MACHT SICH IHR WISSEN BEZAHLT

- Wir veröffentlichen Ihre Hausarbeit, Bachelor- und Masterarbeit

- Ihr eigenes eBook und Buch - weltweit in allen wichtigen Shops

- Verdienen Sie an jedem Verkauf

Jetzt bei www.GRIN.com hochladen
und kostenlos publizieren